AF242941

DOCUMENTS
SUR L'ART D'IMPRIMER

À L'AIDE DE PLANCHES EN BOIS, DE PLANCHES EN PIERRE
ET DE TYPES MOBILES, INVENTÉ EN CHINE, BIEN LONG-
TEMPS AVANT QUE L'EUROPE EN FÎT USAGE;

EXTRAITS DES LIVRES CHINOIS,

PAR M. STANISLAS JULIEN,

MEMBRE DE L'INSTITUT.

———

Suivant Klaproth (*Mémoire sur la boussole*, p. 129),
le premier usage des planches stéréotypes en bois
remonterait au milieu du xe siècle de notre ère. « Sous
le règne de *Ming-tsong*, de la dynastie des *Thang*
postérieurs, dans la deuxième des années *Tchang-
hing* (932 de J. C.), les ministres *Fong-tao* et *Li-yu*,
proposèrent à l'académie *Koue-tseu-kien* de revoir
les neuf *King* (livres canoniques), et de les faire
graver sur des planches, pour les imprimer et les
vendre. L'empereur adopta cet avis; mais ce ne fut
que sous l'empereur *Thaï-tsou*, de la dynastie des
Tcheou postérieurs, dans la deuxième des années
Kouang-chun (en 952), que la gravure des planches des neuf *King* (ou livres canoniques) fut ache-

vée. On les distribua alors, et ils eurent cours dans tous les cantons de l'empire. »

M. Klaproth fait observer que « l'imprimerie, originaire de Chine, aurait pu être connue en Europe environ cent cinquante ans avant qu'elle n'y fût découverte, si les Européens avaient pu lire et étudier les historiens persans; car le procédé de l'impression employé par les Chinois se trouve assez clairement exposé dans le *Djemma'a et-tewarikh* de Râchid-eddin, qui termina cet immense ouvrage vers l'an 1310 de J. C. »

Nous ajouterons que l'Europe aurait pu connaître l'imprimerie huit cent soixante ans avant qu'elle ne fût découverte dans nos contrées, si, quelques années avant le commencement du vi[e] siècle, elle eût été en relation avec la Chine. Grâce à ce procédé, quelque imparfait qu'il fût dans l'origine, il eût été possible de reproduire, à peu de frais, en nombre immense, les chefs-d'œuvre de l'antiquité grecque et romaine, et d'en préserver un grand nombre d'une perte aujourd'hui irréparable.

L'usage de la gravure sur bois, pour reproduire des textes et des dessins, est, en Chine, infiniment plus ancien qu'on ne l'a cru jusqu'ici. Nous lisons, en effet, ce qui suit dans l'Encyclopédie chinoise, *Ke-tchi-king-youen,* liv. XXXIX, fol. 2 : « Le huitième jour du douzième mois de la treizième année du règne de *Wen-ti,* fondateur de la dynastie des *Souï* (l'an 593 de J. C.), il fut ordonné, par un décret, de recueillir tous les dessins usés et les textes

inédits, et de les graver sur bois, pour les publier.
Ce fut là, ajoute l'ouvrage que nous citons, le commencement de l'imprimerie sur planches de bois;
l'on voit qu'elle a précédé de beaucoup l'époque de
Fong-ing-wang ou *Fong-tao*, à qui l'on attribue cette
invention, vers l'an 932. »

Cette citation se trouve reproduite dans une autre
Encyclopédie chinoise, intitulée *Po-t'ong-pien-lân*,
liv. XXI, fol. 10. Suivant un autre recueil, intitulé
Pi-tsong, l'imprimerie sur bois prit naissance dès le
commencement du règne des *Souï* (581 de J. C.);
elle se répandit sensiblement sous les *Thang* (618
à 904), prit une grande extension sous les cinq
petites dynasties (907 à 960); enfin, elle arriva
à sa perfection et à son plus grand développement,
sous la dynastie des *Song* (960 à 1278).

Un savant chinois du milieu du xie siècle, que
j'aurai l'occasion de citer tout à l'heure, à propos des
types mobiles, ne rapporte pas, il est vrai, la date
précise de l'invention, mais il la fait positivement re-
monter plus de quatre cents ans avant *Fong-ing-
wang*, à qui beaucoup d'écrivains chinois, et, après
eux, plusieurs savants d'Europe, ont fait honneur
de cette découverte. Il est même permis de penser
que cette invention était déjà connue et en usage
avant 593, puisqu'on dit que l'empereur ordonna
alors d'imprimer avec des planches en bois. Si c'eût
été un art tout à fait nouveau, on n'eût pas manqué
d'en faire connaître l'origine et l'auteur.

IMPRESSION SUR PLANCHES DE PIERRE GRAVÉES EN CREUX.

La découverte de ce procédé, qui eut lieu entre l'invention des planches stéréotypes en bois et celle des types mobiles en pâte de terre cuite, n'a pas été connue, que je sache, des missionnaires français, ni des savants d'Europe.

On commença d'abord, au milieu du IIe siècle de notre ère, à graver sur pierre des textes anciens, pour en maintenir la correction, qu'altéraient chaque jour l'ignorance ou la négligence des copistes ; mais, à cette époque reculée, on ne paraît pas avoir encore songé à faire servir ces planches gravées à reproduire et multiplier les principaux monuments de la littérature chinoise.

On lit dans les Annales des Han postérieurs, biographie de *Tsaï-yong* : « Dans la quatrième année de la période *'Aï-ping* (175 de J. C.), *Tsaï-yong* présenta à l'empereur un mémoire dans lequel il le priait de faire revoir, corriger et fixer le texte des *six livres canoniques*. Il l'écrivit lui-même en rouge, sur des tables de pierre, et chargea des artistes habiles de le graver en creux. On plaça ces tables en dehors des portes du grand collége, et les lettrés de tout âge venaient, chaque jour, consulter ces planches pour corriger leurs exemplaires manuscrits des six livres canoniques. »

Les caractères de ces textes gravés, étaient écrits *à l'endroit*, et, par conséquent, n'auraient pu servir à en multiplier des copies, puisqu'après l'impression, les signes chinois seraient venus en sens inverse. La seule destination de ces planches était, on le voit, de servir à conserver l'intégrité des textes. Sous plusieurs dynasties suivantes, ces mêmes planches furent successivement reproduites et copiées, tantôt en une seule écriture, tantôt en trois caractères différents. Les historiens nous apprennent qu'il était accordé un an aux étudiants pour étudier les six livres dans chaque écriture; au bout de trois ans, ils devaient être en état de les lire couramment sous ces trois formes.

Ce ne fut que vers la fin de la dynastie des *Thang* (904), que l'on commença à graver des textes sur pierre, *en sens inverse*, pour les imprimer en blanc sur fond noir. *'Eou-yang-siun* s'exprime ainsi dans son recueil archéologique, intitulé *Tsi-kou-lo* : « Par suite des troubles qui eurent lieu sur la fin de la dynastie des *Thang*, *Ouen-tao* ouvrit les tombes impériales, et s'empara des livres et des peintures qu'on y avait renfermés. Il dépouilla les enveloppes et les rouleaux de l'or et des pierres précieuses qui les ornaient, et les abandonna sur place. De là vint que les manuscrits autographes des hommes les plus renommés des dynasties des *Wei* et des *Tsin*, que les empereurs conservaient précieusement, s'égarèrent et tombèrent en des mains indignes.

Dans le onzième mois de la troisième année de la période *Chun-hoa* (992), l'empereur *Thaï-tsong* ordonna, par un décret, de graver sur pierre, et de reproduire, par la voie de l'impression, tous les manuscrits de ce genre qu'on avait pu acheter et recueillir. On les imprimait à la main [1] sans qu'elle fût salie par l'encre. »

Dans l'encyclopédie intitulée *Tchi-pou-tso-tchaï*, on a reproduit un petit ouvrage en deux livres, où sont décrits minutieusement toutes les inscriptions antiques et tous les autographes d'hommes célèbres, qui furent imprimés de la sorte (c'est-à-dire en blanc sur fond noir), depuis l'an 1143 jusqu'en 1243 de J. C.

[1] L'auteur veut dire qu'après avoir *encré* la pierre et y avoir étendu le papier, on passait la main sur le revers de la feuille pour qu'elle reçût uniformément l'impression. Aujourd'hui les Chinois se servent d'une brosse douce, et obtiennent ainsi un tirage plus régulier.

IMPRESSION EN TYPES MOBILES ENTRE 1041 ET 1049
DE J. C.

On lit dans le *Mong-khi-pi-tán*, Mémoires de *Tchin-kouo*, qui fut reçu docteur en 1056 de notre ère (liv. XVIII, fol. 8; Bibliothèque royale, fonds de Fourmont n° 304, vol. 24) :

板印書籍唐人尚未盛爲之自馮
瀛王始印五經已後典籍皆爲板
本慶曆中有布衣畢昇又爲活板。
其法用膠泥刻字薄如錢脣每字
爲一印火燒令堅先設一鐵板其
上以松脂蠟和石灰之類冒之欲
印則以一鐵範置鐵板上乃密布
字印滿鐵範爲一板持就火煬之。

藥稍鎔則以一平板按其面則字平如砥若止
印三二本未爲簡易若印數十百千本則極
爲神速常作二鐵板一板印刷一板已自布字
此印者纔畢則第二板已具更互用之瞬息可
就每一字皆有數印如之也等字每字有二十
餘印以備一板內有重複者不用則以紙貼之
每韻爲一貼木格貯之有奇字素無備者旋刻
之以草火燒瞬息可成不以木爲之者文理有

— 9 —

踈密。沾水。則高下
不平。兼與藥相黏。
不可取。不若燔土。
用訖。再火令藥鎔
以手拂之。其印自
落。殊不沾汚。昇死。
其印爲羣從所得。
至今寶藏。

« On imprimait avec des planches de bois gravées, à une époque où la dynastie des *Thang* (fondée en 618) n'avait pas encore jeté de l'éclat. (Allusion à l'emploi des planches stéréotypes en bois, sous la dynatie précédente.) Depuis que *Fong-ing-ouang* eut commencé à imprimer les cinq Kings (livres canoniques), l'usage s'établit de publier, par le même procédé, tous les livres de lois et les ouvrages historiques.

« Dans la période *King-li* (entre 1041 et 1049 de J. C.), un homme du peuple (un forgeron, — *même ouvrage*, liv. XIX, fol. 14) nommé *Pi-ching*, inventa une autre manière d'imprimer avec des planches appelées *ho-pan* ou *planches* (formées de types) *mobiles*. (Cette expression s'emploie encore aujourd'hui pour désigner les planches de l'imprimerie impériale qui se trouve à *Péking*, dans le palais *Wou-ing-tien*.) En voici la description :

« Il prenait une pâte de terre fine et glutineuse, en formait des plaques régulières, minces comme les pièces de monnaie appelées *Tsien*, et y gravait les caractères (les plus usités).

« Pour chaque caractère, il faisait *un cachet* (un type) ; puis il faisait cuire au feu *ces cachets* (ces types) pour les durcir.

« Il plaçait d'abord, sur une table, une planche en fer, et l'enduisait d'un mastic (très-fusible) composé de résine, de cire et de chaux.

« Quand il voulait imprimer, il prenait un cadre en fer (divisé intérieurement et dans le sens perpendiculaire par des filets de même métal, — *on sait que le chinois s'écrit de haut en bas*), l'appliquait sur la planche de fer, et y rangeait les types en les serrant étroitement les uns contre les autres. Chaque cadre rempli (de types ainsi assemblés) formait une planche.

« Il prenait cette planche, l'approchait du feu pour faire fondre un peu le mastic ; puis il appuyait fortement sur la composition une planche de bois bien plane (c'est ce que nous appelons *un taquoir*), et, par ce moyen, les types (s'enfonçant dans le mastic) devenaient égaux et unis comme une meule en pierre.

« S'il se fût agi d'imprimer seulement deux ou trois exemplaires d'un même ouvrage, cette méthode n'eût été ni commode, ni expéditive ; mais lorsqu'on voulait tirer des dizaines, des centaines et des milliers d'exemplaires, l'impression s'opérait avec une vitesse prodigieuse. D'ordinaire, on se servait de deux planches en fer (et de deux *cadres* ou *formes*). Pendant qu'on imprimait avec l'une des deux planches, l'autre se trouvait déjà garnie de sa composition. L'impression de celle-ci étant achevée, l'autre, qui était déjà prête, la remplaçait de suite. On faisait alterner ainsi l'usage de ces deux planches, et l'impression de chaque feuille de texte s'effectuait en un clin d'œil [1].

« Pour chaque caractère, on avait toujours plusieurs types semblables, et jusqu'à vingt épreuves (vingt types répétés) des signes (les plus fréquents tels que) 如 *jou*, 之 *tchi*, 也 *ye*, etc. afin de reproduire les mots qui pouvaient se trouver plusieurs fois dans la même planche. Lorsqu'on ne se servait pas de ces doubles, on les conservait enveloppés dans du papier.

« Les caractères étaient classés par ordre tonique, et tous ceux de chaque ton étaient disposés dans des casiers particuliers. S'il se rencontrait, par hasard, un caractère rare qui n'eût pas été préparé d'avance, on le gravait de suite, on le faisait cuire avec un feu de paille, et l'on pouvait s'en servir à la minute.

« La raison qui empêcha l'inventeur de faire usage de types en bois, c'est que le tissu du bois est tantôt

[1] Les Chinois n'impriment que deux pages à la fois, sur un seul côté du papier, qu'ils plient en deux avant le brochage. La partie blanche qui se trouve entre les deux pages, porte ordinairement le titre de l'ouvrage, le numéro et la section du livre, et, plus bas, le chiffre de la page double.

poreux, tantôt serré, et qu'une fois imprégnés d'eau, ils auraient été inégaux, et que, de plus, ils se seraient agglutinés au mastic de manière à ne pouvoir plus être enlevés (pour servir à une nouvelle composition). Il valait donc beaucoup mieux faire usage de types en pâte de terre cuite. Lorsqu'on avait achevé le tirage d'une planche, on la chauffait de nouveau pour faire fondre le mastic, et l'on balayait avec la main les types, qui se détachaient d'eux-mêmes sans garder la plus légère particule de mastic ou de saleté.

« Quand *Pi-ching* fut mort, ses compagnons héritèrent de ses types, et les conservent encore précieusement. »

On voit, par ce dernier passage, que l'inventeur des types mobiles en Chine n'eut pas d'abord de successeur, et que l'on continua à imprimer, comme auparavant, avec des planches de bois gravées.

Ce retour bien naturel à l'ancien mode d'imprimer ne tenait certainement pas à l'imperfection du procédé de *Pi-ching*, mais à la nature de la langue chinoise, qui, étant dépourvue d'un alphabet formé d'un petit nombre de signes, avec lequel on pût composer toute sorte de livres, mettait l'imprimeur dans la nécessité de graver plusieurs fois autant de types qu'il y a de mots différents, et d'avoir (suivant la division des sons en cent six classes) cent six casiers distincts, renfermant chacun un nombre énorme de types plusieurs fois répétés, dont la recherche, la composition, et la distribution après le tirage, devaient exiger un temps considérable. Il était donc plus aisé et plus expéditif d'écrire ou faire écrire, comme aujourd'hui, le texte qu'on voulait imprimer, de coller ce texte sur une planche en bois, et d'en faire évider au burin les parties blanches. Depuis cette époque, jusqu'à nos jours, les imprimeurs chinois ont continué à imprimer avec des planches en bois, ou avec des planches stéréotypes de cuivre, gravées en relief. Mais, sous le règne de l'empereur *Khang-hi*, qui monta sur le trône en 1662, des missionnaires européens, qui jouissaient d'un grand crédit auprès de ce monarque, le décidèrent à faire graver deux cent cinquante mille types mobiles en cuivre, qui servirent à imprimer une collection d'ouvrages anciens, qui forme six mille volumes in-4°, et dont la Bibliothèque royale de Paris possède plusieurs parties considérables (l'*Histoire de la musique*, en soixante livres; l'*Histoire de la langue chinoise et des écritures des différents siècles*, en quatre-vingts livres, et l'*Histoire des peuples étrangers connus des Chinois*, en soixante et quinze livres). Cette édition peut rivaliser, pour l'élégance des formes et la beauté de l'impression, avec les plus beaux ouvrages publiés en Europe. Quelques années après, on commit la faute de faire fondre et de détruire ces deux cent cinquante mille caractères en cuivre. Ce fait regrettable nous est fourni par la préface d'un petit ouvrage sur l'agriculture (*Tsan-sang-tsi-yao*), imprimé plus tard, par le même procédé, dans l'établissement typographique du palais impérial appelé *Wou-ing-tien*, dont nous allons parler avec quelque détail.

Il existe, dans le palais impérial de *Pé-king*, un édifice appelé *Wou-ing-tien*, où l'on imprime, chaque année, un grand nombre d'ouvrages avec des types mobiles obtenus, comme en Europe, à l'aide de poinçons gravés et de matrices.

La Bibliothèque royale de Paris possède plusieurs éditions d'une finesse et d'une beauté admirables, qui portent le cachet de cette imprimerie, dont les types mobiles ont reçu de l'empereur le nom élégant de *tsiu-tchin*, 聚珍, c'est-à-dire perles assemblées.

Le rapport officiel qui précède une de ces éditions nous apprend un fait très-intéressant, dont l'observation pourra peut-être donner lieu, en Europe, à des expériences et à des résultats d'une sérieuse importance. Nos poinçons en acier et nos matrices en cuivre entraînent de grandes dépenses, et sont exposés à se détériorer rapidement par l'oxydation. Les Chinois ont paré à ce double inconvénient en gravant leurs poinçons en bois dur et d'un grain fin (ce qui coûte, pour chaque type, de 5 à 10 centimes), et en s'en servant pour frapper des matrices dans une sorte de pâte de porcelaine qu'on fait cuire au four, et où l'on fond les caractères, destinés à imprimer, avec un alliage de plomb et de zinc, et quelquefois avec de l'argent. Reste à savoir comment l'on peut réussir à *justifier* (comme l'on dit en termes de fondeur) des matrices d'une telle matière. Il est permis de penser que la *justifi-*

cation de ces matrices ne laisse rien à désirer, car les résultats typographiques que nous avons sous les yeux (par exemple, l'édition en petit texte du *Chouï-king-tchou*, ou *Livre des Rivières, avec un Commentaire*, qui a été communiquée à M. Arago, par l'auteur de la présente Notice), sont de nature à satisfaire les juges les plus compétents et les plus difficiles.

Je ne terminerai pas cet article sans exposer les motifs qui décidèrent l'empereur *Khien-long* à fonder, en 1776, l'imprimerie en types mobiles du palais *Wou-ing-tien*. Ce monarque éclairé ayant rendu un décret, en 1773, pour faire graver sur bois et imprimer aux frais de l'état dix mille quatre cent douze des ouvrages les plus importants de la littérature chinoise, un membre du ministère des finances, nommé *Kin-kien*, considérant qu'il faudrait un nombre énorme de planches pour imprimer cette vaste collection de livres, et que les frais de gravure seraient immenses, proposa à l'empereur d'adopter le système d'impression en types mobiles, et lui soumit les modèles de ces types, disposés sur seize planches et accompagnés de tous les renseignements nécessaires pour la gravure des poinçons en bois, la frappe des matrices, la fonte et la composition.

L'empereur approuva ce projet par un décret spécial, et ordonna d'imprimer, suivant le plan de *Kin-kien*, ces dix mille quatre cent douze ouvrages, dont le catalogue descriptif et raisonné, publié par ordre impérial, forme cent vingt volumes in-8°. Ce précieux ouvrage existe à la Bibliothèque royale de Paris, et nous y avons puisé (livre XCII, fol. 5o) les détails qui précèdent.

Dans ces derniers temps, l'imprimerie en types mobiles appelés *païtseu* (ou caractères composés), a fait des progrès sensibles en Chine, et l'on finira peut-être, dans un avenir prochain, par renoncer à l'usage des planches de bois gravées. Nous possédons à Paris plusieurs grands ouvrages publiés d'après ce procédé, par exemple : un Traité sur l'art militaire (*Wou-thsien-heou-pien*) en 24 vol.; un Dictionnaire tonique des noms de villes (*Li-taï-ti-li-yun-pien*), en 16 vol. in-4°; une Description géographique du globe, d'après les auteurs chinois et européens (*Haï-koué-thou-tchi*), en 20 vol. in-4°, etc. Ces éditions, il est vrai, sont loin d'avoir la même pureté que celles qui sortent des presses impériales, mais elles sont fort nettes et beaucoup plus correctes que celles qui proviennent de planches en bois, les auteurs ou les éditeurs chinois ayant maintenant, comme nous, l'habitude de revoir les épreuves du texte jusqu'à ce qu'il leur paraisse tout à fait exempt de fautes typographiques.